TABLEAUX ANCIENS

COLLECTION

DE

M. MEFFRE

CE CATALOGUE SE DISTRIBUE :

A Paris................	chez M.	Pillet, rue de Choiseul, 11.
—	—	Febvre, rue Laffite, 12.
—	—	Meffre, rue Saint-Romain, 4.
Marseille...........	—	Valli, marchand de tableaux, rue Paradis, 24.
Lyon...............	—	Hoëth, marchand d'estampes, rue Romarin, 9.
Londres.............	—	Colnaghi, marchand d'estampes, Pall Mall East, 14.
—	—	Farrer, New Bond street, 106.
—	—	Smith, New Bond street, 137.
	—	Webb, 22, Cork street, Burlington Garden.
Bruxelles............	—	Étienne Leroy, expert du musée royal, place du Grand Sablon, 12.
	—	Héris, expert du Musée royal, rue de la Charité, 33.
Anvers..............	—	Tessaro, marchand d'estampes.
	—	Verlinden, rue Bourse-Anglaise.
Liége...............	—	Van Marcke, marchand d'estampes, rue de l'Université.
Amsterdam...........	—	Roos, in het Huis met de Hoofden.
—	—	De Vries, Prinzengracht, 426.
—	—	Van Schuoten, Prinsingracht, nº 511.
La Haye............	—	Enthoven, marchand de curiosités, sur le Plein, 211.
—	—	Van Gogh, marchand d'estampes.
Rotterdam...........	—	Dirksen, marchand de tableaux, Schiedamschen Dijk Wijk, 3, 440.
Cologne............	—	Héberlé, marchand d'antiquités.
Berlin..............	—	Lepke, sous les Tilleuls.
Leipzig.............	—	Brockhaus et Cᵉ.
Francfort-sur-le-Mein.	—	Professeur Oppenheim.
—	—	Antoine Baer, marchand de tableaux, place Schiller, 3.
Dresde..............	—	Arnold, marchand d'estampes.
Munich.............	—	Oberdörfer, libraire et antiquaire, place de la Promenade, 1.
Vienne..............	—	Artaria et Cᵉ.
Saint-Pétersbourg.....	—	Von Regmorter.
—	—	Negri et fils, marchands de tableaux et d'antiquités.
Rome...............	—	Durantini, peintre.
Florence............	—	Riccieri, peintre.
Genève.............	—	Kühn, marchand d'antiquités, quai des Bergues, 15.
Berne..............	—	J. Woog, marchand de tableaux et de curiosités, Grande-Rue, 213.
Bale...............	—	Schruber et Walz, marchands d'objets d'art.

CATALOGUE

DE

TABLEAUX ANCIENS

DES ÉCOLES

HOLLANDAISE, FLAMANDE, ALLEMANDE, ITALIENNE ET FRANÇAISE

QUI COMPOSENT LA COLLECTION DE

M. MEFFRE

VENTE AUX ENCHÈRES PUBLIQUES

POUR CAUSE DE CESSATION D'AFFAIRES

LES LUNDI 9 ET MARDI 10 MARS 1863

à Paris

HOTEL DES COMMISSAIRES-PRISEURS, RUE DROUOT

Salle nº 5

Commissaire-Priseur : M. PILLET, rue de Choiseul, 11

Expert : M. FEBVRE, rue Laffite, 12

EXPOSITION PARTICULIÈRE   EXPOSITION PUBLIQUE

le samedi 7 mars   le dimanche 8 mars

PARIS

IMPRIMERIE DE J. CLAYE

7, RUE SAINT-BENOÎT

La vente sera faite au comptant.

Les acquéreurs payeront 5 p. 0/0 en sus des prix d'adjudication.

M. Meffre a été, depuis trente ans, un des principaux importa-
teurs de tableaux en France. Parcourant la Hollande, la Belgique, la
Suisse et l'Allemagne, à une époque où l'on y faisait encore d'heu-
reuses trouvailles, ayant séjourné assez longtemps en Russie, il a
souvent rapporté de ces voyages de belles peintures, aujourd'hui
classées dans les galeries françaises. C'est lui qui a formé quelques-
unes des collections les plus célèbres de Paris. Il a été aussi,
pour ainsi dire, un échangiste actif entre les divers pays. Quantité de tableaux introduits dans les galeries étrangères ont passé
par ses mains.

Après cette longue et loyale pratique du commerce des tableaux,
M. Meffre se retire décidément des affaires et il vend tout ce qui lui
reste de ses collections si souvent renouvelées : tableaux authen-
tiques, et presque tous signés : des hollandais surtout, et plusieurs
de premier ordre ; quelques flamands d'une haute importance ; des
français délicieux ; quelques allemands et quelques italiens.

Nous nous sommes abstenu d'éloges à la suite des œuvres même
les plus distinguées, et nous nous sommes contenté de les décrire
exactement. Un catalogue nous semble fait pour conserver la mé-
moire des tableaux qu'il est utile de reconnaître plus tard, lorsqu'ils
reparaissent dans les ventes ou dans les galeries. Description, me-
sures, provenances et surtout signatures, que ne retrouvons-nous,
dans les célèbres ventes d'autrefois, ces renseignements si précieux
pour l'étude des maîtres!

Nous devons néanmoins signaler ici les principales peintures de la collection qui va être dispersée : Backhuisen, Berchem, Both, Albert Cuyp, van der Helst, Pieter de Hooch, Aart van der Neer, Jacob Ruisdael, van Staveren, Terburg, Adrien van de Velde et Philips Wouwerman sont représentés par des œuvres de la plus fine qualité. Le Wouwerman surtout se classe en première ligne dans l'œuvre de ce maître. La *Promenade* de Teniers est un tableau qui marquerait dans les plus riches musées. En peinture française, il faut noter le grand *Bélisaire* de David, qui convient aussi à un musée national, et les charmantes œuvres de Greuze, de Boucher, de Drouais, d'Oudry, de Nattier, les grands paysages de J. Vernet et la magnifique allégorie du Poussin.

Philips Wouwerman, Terburg, Jacob Ruisdael, Teniers, Greuze et Poussin sont rares en exemplaires de premier choix !

La collection Meffre offre encore cet intérêt, qu'elle rassemble un certain nombre de maîtres hollandais secondaires, assez peu familiers aux collectionneurs français, et qui approchent pourtant des maîtres très-illustres : par exemple, Ochtervelt, van Delen, Barent Gael, Hendrik van der Vliet, Herman Saftleven et autres, ont ici leurs chefs-d'œuvre. Les artistes, les critiques et les amateurs auront donc tous à apprendre et à admirer en visitant l'exposition de cette vente, qui laissera sans doute un souvenir durable.

CATALOGUE

DE LA

COLLECTION MEFFRE

BACKHUISEN (LUDOLF).

Né en 1631, mort en 1709, élève de van Everdingen.

1. — La Voile blanche.

Mer agitée, avec plusieurs navires. Au milieu, un grand bâtiment à trois mâts, couvert de passagers. A gauche, un petit navire, richement décoré, battu par la vague, et dont la voile, qui reçoit la lumière, a fait donner le nom au tableau. Sur la voilette de l'avant est la date 1688. A droite, au second plan, un autre navire à trois mâts et plusieurs barques. En avant, sur une ligne de terre, quatre personnages : un seigneur debout, deux matelots et un enfant. Tableau capital du maître.

Signé, sur un pilotis en avant : L. BACKHUISEN.
Collection Quarle de Harlem.
Toile. — H. 0,95 c. — L. 1,15.

BELLINI (GIOVANNI).

Né en 1426, mort en 1516, élève de son père Jacopo.

2. — Portrait de femme.

En buste, de trois quarts à gauche. Robe verte à grands ramages, coupée en cœur sur le sein. Cheveux d'un blond extrêmement clair, avec une draperie lilas, en manière de turban. La main droite tient un petit vase à parfums.

Signé, sur un appui : G. BELLINVS.
Vente lord Northwich, 1859, n° 98.
Sur panneau de cèdre. — H. 0,41. — L. 0,33.

BERCHEM (NICOLAS).

Né en 1624, mort en 1683, élève de plusieurs maîtres.

3. — Repos du pâtre.

En avant d'un cours d'eau, sur lequel passe un pont à trois hautes arches, un pâtre, les jambes croisées, est accoté contre une vache jaune à tête blanche. A ses pieds, son chien. Un bœuf fauve, un bœuf gris et roux, quelques moutons. A gauche, une jeune femme tenant son enfant et une vieille femme sont assises. Un peu plus loin, un âne chargé de paniers et une chèvre. Au second plan, à droite, au bord de l'eau, un berger, son chien, deux vaches, et sur l'autre rive un berger qui va passer à gué avec trois vaches. A gauche, allant vers le pont, un berger à cheval cause avec un paysan. Au fond, des collines boisées et une maison rustique. Beau ciel gris, avec des nuages.

Signé : N. Berghem *f.*

Provenant d'une collection de La Haye.

T. — H. 0,95. — L. 1,20.

BERGEN (DIRK VAN).

Né vers 1645, mort en 1689, élève d'Adrien van de Velde.

4. — Paysage et animaux.

Un jeune bœuf, blanc et jaune, se frotte contre un tronc de saule. Des moutons, une chèvre, un chien. Un peu en arrière, un cheval brun. A gauche, au second plan, le berger et la bergère, assis près l'un de l'autre, à l'ombre d'un arbre. A droite, fond de collines bleuâtres. — Première qualité du maître. Fin comme un Adrien van de Velde.

Signé : D. V. Bergen.

Provenant d'une collection de Groningen.

T. — H. 0,41. — L. 0,52.

BOTH (JAN).

Né en 1610, mort après 1651, élève de son père et de Bloemaert.

5. — Paysage italien. *13,000*

En avant, sur un chemin où s'élèvent deux bouquets d'arbres élégants, arrivent un voyageur sur un cheval gris et un autre voyageur conduisant par la bride son cheval bai. Assis au bord du chemin, un berger, gardant deux chèvres, joue du chalumeau. Au second plan, une chapelle adossée à des rochers, puis des collines blondes. A gauche, percée d'horizon, avec de l'eau, des terrains découverts, et, au fond, des montagnes bleu clair. Effet de soir, après une belle journée d'été.

Signé : J. Both.

Les figures sont d'Andries, frère de Jan.

Collection de M. Quarle, à Harlem.

T. — H. 0,83. — L. 1,07.

BOUCHER (FRANÇOIS).

Né en 1704, mort en 1770, élève de Cars, le graveur.

6. — Baigneuses. *1340*

Dans un ruisseau bordé de saules, une jeune fille se baigne les jambes. Deux autres femmes assises viennent de se baigner. A gauche, un jeune garçon regarde, derrière une porte entr'ouverte, qui conduit à une ferme. — Tons du paysage bleutés et vaporeux.

Signé, à gauche, en toutes lettres.

T. — H. 0,46. — L. 0,65.

BRONZINO (ANGIOLO).

Né vers 1502, mort en 1572, élève de Pontormo.

7. — Portrait de Catherine de Médicis?

En buste, de grandeur naturelle, de trois quarts à gauche Chevelure relevée en rouleau et ornée de fleurettes symboliques : muguet, pensées, bleuets

BRONZINO (ANGIOLO).

(Suite.)

et pâquerettes. Collerette en guipures, encadrant l'ovale du visage. Corsage
montant, en soie bleue, brochée et parsemée de perles et de joyaux. Riche
collier en perles, pierres précieuses et joaillerie, avec les fleurs de lis et des
ornements emblématiques dans le plus fin style de la Renaissance.
Collection du comte de Strogonoff.
T. — H. 0,61. — L. 0,51.

8. — Portrait de jeune homme.

A mi-corps, tourné vers la gauche. Cheveux noirs et courts. Tête énergique
et intelligente. Costume tout noir, avec seulement deux pointes de col rabattu. La main gauche met le gant de la main droite. Fond clair, verdâtre.
Beau style. Exécution magistrale.
Bois. — H. 0,87. — L. 0,64.

BRVEGEL DE VELOURS (JAN).

Né en 1568, mort en 1625, élève de Goetkint.

9. — Ferme hollandais

Au milieu, les bâtiments de la ferme, ombragée par de grands arbres. En
avant, un canal et un pâturage, avec une paysanne qui apporte des seaux
près de deux vaches. A gauche, un chemin, une hôtellerie et plusieurs figurines. A droite, échappée de fin paysage et, à l'horizon, les monuments de
la ville d'Anvers. Extrêmement délicat d'exécution.
Cuivre. — H. 0,24. — L. 0,39.

CAMPHUYSEN (GODFRIED).

Né à Gorcum, fils de Dirk Raphael Camphuysen. Reçu bourgeois d'Amsterdam en
1650. Élève de Paulus Potter.

10. — Intérieur de ferme.

Au milieu, paysanne portant un seau, près d'ustensiles de ferme. A gauche,
deux vaches, l'une couchée, l'autre debout. A droite, au second plan, une
paysanne qui lave. Fond transparent, comme dans les peintures de van
Ostade.
A droite, sur une planche, la signature : G. CAMPHUIJSEN.
B. — H. 0,49. — L. 0,64.

CRANACH (LUCAS SUNDER, dit).

Né en 1472, mort en 1553, élève de son père.

11. — Portrait d'un jeune prince de la maison électorale de Saxe. *410*

A mi-corps, avec deux mains; la main droite tient un gant. Pourpoint jaune. Surtout de velours noir. Les cheveux sont courts et la tête a beaucoup d'énergie. Fond bleu clair.

En haut, à gauche : ÆTATIS XIX, 1530, et le petit dragon adopté par le maître comme signature.

B. — H. 0,69. — L. 0,53.

CUYP (ALBERT).

Né en 1605, mort après 1683, élève de son père Jacob Gerritz.

12. — Effet de nuit. *2690*

A droite, au premier plan, deux vaches couchées, une vache debout et cinq moutons. Plus loin, un champ de blé, où deux paysans travaillent encore à la moisson; puis une lisière de bois et, au-dessus, un clocher de village. Au milieu, deux grands arbres. A gauche, un cours d'eau, des habitations rustiques et quelques arbres. La lune se lève à l'horizon, où l'on aperçoit la pointe du clocher d'un autre village. Le ciel est superbe. C'est par ce genre de peintures très-originales qu'Albert Cuyp inspira le style de son ami Aart van der Neer.

Signé : *A. Cuijp.*

Vente lord Northwich, n° 410.

B. — H. 0,82. — L. 0,115.

13. — Le Cheval blanc pommelé. *1180*

Sellé et tenu en bride par un jeune garçon, à toque noire et à veste rougeâtre; il est tourné vers une ouverture qui laisse apercevoir une campagne plate et un ciel gris argentin. Couleur très-vigoureuse.

Signé, à droite, en bas : *A. Cuijp.*

Provenant d'une collection de Dordrecht.

B. — H. 0,51. — L. 0,60.

CUYP (ALBERT).

(Suite.)

44. — La Ferme.

Des bâtiments rustiques, un cheval blanc, une charrette à quatre roues. Un pont en bois fait communiquer la ferme avec les terrains marécageux. Les fonds extrèmement fins et lumineux sont dans une gamme bistrée. Albert Cuyp, influencé par les paysages de Rembrandt et peut-être aussi par ceux de van Goyen, a fait plusieurs tableaux de ce style, entre sa première et sa troisième manière.

Signé, à droite, en bas, sur le terrain : *A. Cuijp.*

Vente Weyer, de Cologne, 1862.

T. — H. 0,42. — L. 0,53.

DAVID (JACQUES-LOUIS).

Né en 1748, mort en 1825, élève de Vien.

45. — L'Obole de Bélisaire.

Bélisaire, assis à gauche, contre la base d'une colonne, tient entre ses bras son jeune guide qui tend le casque du guerrier aveugle. Une femme y dépose son offrande. Derrière la femme, un soldat romain, en tunique grise et manteau rouge. A droite, fond d'architecture. A gauche, fond de paysage, avec des montagnes bleues à l'horizon.

A droite, sur la base de la colonne : DATE OBOLUM BELISARIO.

Signé : *L. David faciebat, Anno* 1781, *Lutetiæ.*

C'est le grand tableau original de la composition dont le musée du Louvre possède (nᵒ 152) « une réduction avec quelques changements, faite par « Favre et Girodet, retouchée et signée par David. »

La réduction du Louvre, datée 1784, fut exposée au Salon de 1785. Le grand tableau original, exposé en 1781, fut, pour David, « son titre d'admission à l'Académie. »

Voir, pour ce qui concerne ce tableau, le catalogue du Louvre, École française, p. 94.

Provenant de la vente de lord Northwich.

T. — H. 2,89. — L. 3,16.

DELEN (DIRK VAN).

Né en 1607, mort après 1669, élève de Frans Hals.

16. — Le Festin.

Intérieur de salle richement décorée. A droite, un buffet d'orgues et une grande cheminée à colonnes de marbre. A gauche, une statue de guerrier, dans une niche surmontée d'une balustrade. Plafond en compartiments de bois sculpté. Au fond, en avant d'une tenture verte, une table servie, autour de laquelle une douzaine de figurines, hommes et femmes, élégamment costumés.

A droite, au premier plan, groupe de cinq personnages, dont une femme qui touche de l'orgue. Vers eux viennent un gentilhomme, à grand chapeau et à moustaches retroussées, et une dame vêtue de soie jaune avec un surtout noir. A gauche, plusieurs autres groupes, qui marchent ou qui conversent près d'une fenêtre par où vient la lumière. Toutes ces figures sont de Jan Le Duc.

Signé, en bas, à gauche, sur le parquet : D. V. DELEN.

Provenant d'une collection de Groningen.

B. — H. 0,36. — L. 0,45.

DEMARNE (JEAN-LOUIS).

Né en 1744, mort en 1829, élève de Briard.

17. — La Fontaine.

Près d'une fontaine, au bord d'un chemin, un berger sur cheval blanc et vu de dos, cause avec une jeune paysanne. Une vache orange va boire à la fontaine; une autre vache fait tête à un petit chien qui l'agace. Chèvres, moutons, et à droite quatre paysans contre le talus de la route. Site montueux, avec une tour en ruines, une rivière au second plan et des fonds vaporeux.

Ancienne collection Demidoff.

T. — H. 1,34. — L. 1,60.

DENNER (BALTHASAR).

Né en 1685, mort en 1747.

18. — Portrait de vieillard. *2900*

En buste, tourné vers la droite. Il n'a plus que de rares cheveux blancs et quelques touffes de barbe blanche, courte et hérissée. Manches de velours rouge et garniture de fourrures descendant sur la poitrine. Modelé prodigieux et fouillé jusqu'aux rides les plus imperceptibles. Grandeur naturelle.

Signé, à droite, sur le fond, et daté 1730.

Provenant de la galerie de Nassau.

T. — H. 0,44. — L. 0,35.

19. — Portrait de vieille femme. *2020*

Pareillement en buste, et tournée vers la gauche. Mouchoir blanc autour du cou, sous une draperie marron. La tête est négligemment coiffée d'une étoffe de soie lilas bleuté.

Même signature, à gauche, et même date.

Pendant du précédent.

Même provenance.

20. — Portrait de jeune homme. *1400*

Assis dans un fauteuil à dossier rouge, il tient de la main droite un dessin et de la main gauche il montre un grand cahier ouvert sur une table à tapis amarante. Il est vu jusqu'aux genoux. Ses cheveux sont poudrés. Le frac est de couleur feuille morte. Fond de rideau bleuâtre, et, à droite, une percée de paysage sur un parc, avec un grand édifice au fond.

Signé.

Collection du duc de Morny.

T. — H. 0,59. — L. 0,51.

21. — Portrait de jeune femme. *660*

A mi-corps, presque de face. Tête nue et poudrée. Corsage bleu, ouvert en angle sur le sein, draperie violette autour des épaules. Grandeur naturelle. Ovale.

Signé et daté 1732.

T. — H. 0,79. — L. 0,66.

DENNER (BALTHASAR).

(Suite.)

22. — Portrait de jeune homme. *530*

Tourné de trois quarts vers la droite. Habit violet; la main droite dans le gilet.

Pendant du précédent.

DIAZ DE LA PEÑA (NARCISSE).

Né à Bordeaux.

23. — La Fée aux perles. *3300*

La fée, debout au milieu, jupon de satin blanc, sultane bleu ciel, tient une aumônière, d'où elle tire — à discrétion — des perles et des bijoux. A droite, deux femmes debout. A gauche, trois petites filles et un page. En avant, un petit épagneul roux. Fond de ciel, entre des colonnes.

Signé : *N. Diaz.*

T. — H. 0,75. — L. 0,60.

24. — La Mare. *1350*

Intérieur de forêt. Au milieu, une mare et un petit paysan penché sur l'eau. A droite, un chêne; à gauche, des rochers gris. Vue prise dans la forêt de Fontainebleau. Première qualité de ce grand coloriste.

Signé.

B. — H. 0,40. — L. 0,55.

DIETRICK (C. W. E.)

Né en 1712, mort en 1774, élève de son père et de Thiele.

25. — La Résurrection de Lazare. *600*

Composition inspirée par celle de Rembrandt. A gauche, sur une terrasse, le Christ debout, le bras gauche en l'air, la main droite soutenant les plis de son grand manteau rouge. Au-dessous de lui, Lazare, enveloppé du linceul, se soulève hors du tombeau. A droite, sept figures curieuses, qui contemplent le miracle avec des expressions diverses. Exécution très-libre et très-magistrale.

T. — H. 1,24. — L. 0,98.

DOV (GERARD).

Né en 1613, mort en 1680, élève de Rembrandt.

26. — Philosophe dans son cabinet de travail. *1290*

Assis devant une table sur laquelle est un livre ouvert, il est occupé à tailler sa plume. Une statue, une mappemonde et divers autres accessoires.

Signé, à droite : GDOV (le D accolé au G).

Ventes du comte de Robiano, à Bruxelles, et de M. van den Schrieck (n° 16), à Louvain.

B. — H. 0,25. — L. 0,21.

DROUAIS (F. H.).

Né en 1727, mort en 1775, élève de son père Hubert et d'autres peintres.

27. — Petit garçon tenant un épagneul noir. *3201*

Il est de grandeur naturelle, à mi-corps, la tête de face. Habit rosâtre, collerette de dentelle. Ovale.

Vente de lord Pembroke, Paris, 1862.

T. — H. 0,59. — L. 0,52.

DYCK (ANTON VAN).

Né en 1599, mort en 1641, élève de Rubens.

28. — Portrait de femme. *1820*

A mi-corps, debout, de trois quarts à gauche, la main droite tenant un éventail. Cheveux blonds rejetés en arrière, avec des feuilles de laurier. Collerette haut montée, costume de soie noire, manches à crevés. Rubans bleus en ceinture, aux bras et sur le sein. Double collier de perles. La femme est charmante, et sa toilette est magnifique.

Le musée de Vienne possède un portrait analogue, intitulé « Émilie de Solms, princesse de Nassau-Orange (n° 24 de la salle de van Dyck), mais d'une autre proportion et avec des variantes.

Provenant de la collection Pouschine, de Saint-Pétersbourg.

T. — H. 0,90. — L. 0,76.

DYCK (ANTON VAN).

(Suite.)

29. — Portrait de la princesse Mary, fille de Charles Ier, d'Angleterre. *1030*

En buste, grandeur naturelle. Deux mains. La main gauche tient un petit chien. Collerette à guipures. Corsage gris.
Collection de lord Cowley et vente de lord Northwich, nº 252.
T. — H. 0,73. — L. 0,59.

30. — Portrait de la petite fille qui accompagne son père dans le tableau du Louvre, nº 148. *1520*

Elle est vue à mi-jambe, la tète retournée vers la droite, une main en avant, l'autre soutenant une draperie blanche. — Figure de grandeur naturelle.
Catalogué van Dyck dans la collection Massaloff.
T. — H. 0,78. — L. 0,56.

ENGELBRECHTSEN (CORNELIS).

Né en 1468, mort en 1533, maître de Lucas de Leyde.

31. — Le Calvaire. *330*

Le Christ en croix, au milieu. De chaque côté, un larron sur sa croix. La Madeleine agenouillée embrasse le pied de la croix du Christ. A gauche, en avant, la Vierge, presque évanouie, entourée des saintes femmes. A droite, trois hommes richement costumés. Au second plan, deux autres groupes de personnages. Au fond, les portes de Jérusalem et un paysage qui se perd dans le ciel. — Tableau précieux.
Provenant d'une collection de Leyde.
B. — H. 0,64. — L. 0,50.

FERGUSON (WILLIAM).

Né en Angleterre (?). On ne sait presque rien de sa vie. Le musée de Berlin est peut-être la seule galerie publique qui possède un tableau de ce maître.

32. — La Perdrix.

Sur le bord d'une table de marbre, une perdrix, accrochée par la patte, avec quelques petits oiseaux. Près de la perdrix, sur une draperie feuille morte, un martin-pêcheur.

Signé, en bas, à droite : *IV* (ou *CF?*). *Ferguson. f. A.* 1685.

T. — H. 0,60. — L. 0,47.

33. — Le Pigeon.

Un pigeon blanc et brun, pendu par la patte, avec de petits oiseaux et un appeau. Sur le rebord de la tablette, un petit oiseau et des ustensiles de chasse.

Pendant du précédent.

Même signature et même date, en haut, à droite. Ces dates et ces signatures sont précieuses pour l'étude de la biographie de ce maître presque inconnu. Les deux pendants proviennent d'une collection de Groningen.

GAEL (BARENT).

Né à Harlem, élève de Philips Wouwerman.

34. — Halte à la porte d'une auberge.

Effet d'hiver. Un homme et une femme arrivent en traîneau. Un cheval blanc, de profil, à gauche, est attaché à une mangeoire; un autre cheval est vu par derrière, près de deux hommes, l'un debout, l'autre assis. En avant, à droite, un homme vient de tomber sur la glace; plus loin, un traîneau, avec quatre personnages, tiré par un cheval bai. Neige et glace partout. Ciel plein de bourrasques.

Signé : B. GAEL.

Provenant d'une collection de Groningen.

B. — H. 0,45. — L. 0,56.

GLAUBER (JAN)', dit POLIDOR.

Né en 1646, mort en 1726, élève de Berchem et imitateur des Italiens.

35. — Paysage arcadique. *1310*

En avant, un chemin sur lequel deux femmes debout conversent avec un berger couché et jouant du chalumeau. Près de lui, une vache fauve et une vache blanche couchées, un mouton, un chien, etc. A droite, entrée de forêt. A gauche, grand arbre très-élégant. Au milieu, percée sur le ciel et sur des fonds montagneux, avec des silhouettes bleues à l'horizon. — Excellent exemplaire de la grande école classique du xviiᵉ siècle, dont Poussin et le Guaspre furent les principaux représentants. -- Les figures sont de Gerard de Lairesse.

Signé : P. GLAVBER.

Collection Massaloff.

T. — H. 1,05. — L. 1,30.

GREUZE (JEAN-BAPTISTE).

Né en 1725, mort en 1805, élève de Gromdon.

36. — Jeune fille tenant un chien.

Ses cheveux châtain clair tombent sur le front et autour de la tête. Draperie violacée sur l'épaule, manche jaunâtre. Belle qualité du maître, Tons de fruit dans les chairs. La petite main qui serre l'épagneul est exquise.

T. — H. 0,43. — L. 0,36.

37. — La Marchande de pommes. *3200*

Effet d'hiver. La jeune marchande, assise contre un parapet, se réchauffe les mains à une chaufferette en terre. Sur son giron, une petite fille appuie la tête. A gauche, un épagneul la regarde. Près d'elle, des paniers de pommes. Le fond n'est qu'un léger frottis. Esquisse très-spirituelle et très-harmonieuse. La tête de l'enfant rappelle par la couleur les plus charmantes têtes de Greuze.

T. — H. 0,75. — L. 0,61.

HALS (FRANS).

Né en 1584, mort en 1666, élève de Carel van Mander.

38. — Portrait de Frans Hals par lui-même.

De face, en buste, de grandeur naturelle. Longs cheveux, tombant sur les épaules. Moustaches et mouche. Chapeau noir, à grands bords, col blanc, costume noir. Fond neutre. La physionomie très-excentrique. Très-belle exécution.

Provenant d'une collection d'Amsterdam.

B. — H. 0,55. — L. 0,45.

HELST (BARTHOLOMEUS VAN DER).

Né en 1613, mort en 1670.

39. — Portrait de vieille dame.

Assise sur un fauteuil à dossier et coussin verdâtres, elle est vue à mi-jambe, tournée de trois quarts à gauche, les mains jointes, tenant un livre. Cornette blanche et toque noire, fraise ferme et tuyautée, costume de soie noire ouvragée, avec deux pendentifs de fourrure brune, descendant sur la poitrine. A gauche, bout de table à tapis vert, sur laquelle des lunettes. Fond neutre. Cette peinture magistrale semble influencée par le style de Rembrandt, et, en même temps, chose singulière, le fini de la tête fait penser à Denner.

Signé à droite, en bas : *Bartholomeus van der Helst. 1657.*

Provenant d'une collection de Leyde.

T. — H. 1,07. — L. 0,89.

HOLBEIN (HANS), LE JEUNE.

Né en 1498, mort en 1554 (?), élève de son père.

40. — Portrait de François Ier.

En buste, de trois quarts à gauche. Toque noire, garnie de perles et entourée de plumes, justaucorps rouge, à crevés, manteau garni de fourrures. La main gauche tient le pommeau de l'épée; la droite fait un geste démonstratif. Fond verdâtre.

B. — H. 0,27. — L. 0,22.

HOLBEIN (HANS), LE JEUNE.

(Suite.)

41. — Portrait de la femme (?) de François 1er, fille de Louis XII. *6.*

En buste pareillement. Toque garnie de pierreries. Corsage coupé carrément sur le sein. Riche collier en pierreries et un autre collier en perles, attaché au corsage noir par un bijou et une grosse perle. Manches rouges à crevés.

Pendant du précédent.

HOLBEIN (HANS), LE PÈRE.

42. — Portrait d'homme. *160*

En buste. Il porte une toque noire et une vaste houppelande noire, bordée de fourrures. La main droite fait un geste. Fond vert clair. Le modelé du visage est très-ferme et très-correct.

Provenant d'une collection de Groningen.

B. — H. 0,44. — L. 0,34.

HOOCH (PIETER DE).

43. — Départ pour le marché.

Intérieur de cuisine. A gauche, grande cheminée, devant laquelle une femme accroupie, en caraco rouge, est vue de dos. Au milieu, la maîtresse, debout, un panier à la main, va s'en aller. Un petit épagneul jappe en avant. A droite, ouverture sur un péristyle, et seconde ouverture sur un quai d'Amsterdam. C'est par là que frappe le soleil.

Signé à gauche, en bas : *P. d'Hoogh.* A° 1656.

T. — H. 0,58. — L. 0,70.

LE BOUTEUX (PIERRE-M.).

Né à Paris, académicien en 1728, mort en 1750.

44. — Le petit Lever. *39.*

Jeune femme assise près de sa table de toilette sur laquelle sont des cassettes et des bijoux. Dans sa chevelure poudrée, une des femmes de chambre

LE BOUTEUX (PIERRE-M.).

(Suite.)

pique des fleurs. Au dossier de la chaise est appuyé un jeune homme en habit lilas. En avant, à droite, est assis un financier en habit rouge brodé d'or. A gauche, arrive le petit abbé vers lequel la jeune femme tourne l'œil. Au fond, une pendule et deux vases. Un petit épagneul aboie à sa rencontre.

Signé en toutes lettres et daté **1732**.

T. — H. 1,15. — L. 1,12.

45. — Le Coucher.

Jeune femme en déshabillé et en coiffe de nuit, assise de profil à gauche, près d'une table sur laquelle brûlent deux chandelles. Une servante accroupie lui ôte ses bas bleus. Une autre servante debout tient une draperie blanche. La troisième soubrette, à gauche, ouvre les amples rideaux verts d'un lit immense. A droite, à travers les vitres d'une fenêtre, on aperçoit la lune. En avant, sur le parquet, la robe de soie qu'elle vient de quitter, et un petit chat.

Même signature et même date.

Pendant du précédent.

LEBRUN (CHARLES).

Né en 1619, mort en 1690, élève de Perrier et de Vouet.

46. — Portrait de l'artiste par lui-même.

Debout, de trois quarts à droite, vu jusqu'aux genoux. Grandeur naturelle. Longue perruque noire; ample robe de chambre, jaune foncé. La main droite pose sur le bras gauche accoudé contre le cippe d'une colonne. Les mains rappellent la manière et l'élégance de van Dyck.

Dans ce portrait, Lebrun paraît avoir à peu près le même âge que dans son portrait du Louvre, n° 78 (École française).

T. — H. 1,05. — L. 0,79.

LONGHI (ANTOINE).

Né à Bologne, mort en 1757, élève de J. del Sole.

47. — Le Bal.

Dans un riche appartement, une société élégante. Au milieu, groupe de dames et de cavaliers. A gauche, les musiciens jouant de divers instruments.

LONGHI (ANTOINE).

(Suite.)

A droite, près d'une cheminée, un homme et une femme en conversation. Par une porte ouverte au fond, arrive Arlequin. Peinture très-spirituelle.

T. — H. 0,66. — L. 0,87.

MAAS (DIRK).

Né en 1656, mort en 1715, élève de Mommers, de Berchem et de Huchtenburg.

48. — Le Maréchal ferrant.

A la porte de la forge, le maréchal agenouillé ferre un cheval gris, dont le pied est tenu par un compagnon et la bride par le cavalier debout. A gauche, un autre cavalier, sur son cheval alezan, vu de profil à droite, cause avec une paysanne qui nettoie un chaudron. En avant, un petit garçon joue avec une chèvre bigarrée. A la fenêtre, au-dessus de la porte de la forge, quelques pots de fleurs. A gauche, un chemin, avec de hauts talus et quelques maisons.

Signé et daté 1679.

T. — H. 0,52 — L. 0,66.

MAAS (NICOLAS).

Né en 1632, mort en 1693, élève de Rembrandt.

49. — Femme à la fenêtre.

Presque de face, le coude gauche appuyé sur le bord de la fenêtre, et la tête appuyée sur la main. Elle a une cornette noire, un caraco gris, bordé d'hermine. Physionomie fine et très-expressive. Le volet ouvert est de ce ton rouge vif, affectionné par Maas et par toute l'école de Rembrandt.

Provenant d'une collection de Groningen.

B. — H. 0,31. — L. 0,27.

MATTON (B.), MATHON, ou MATON.

Élève de Dov.

50. — Intérieur de philosophes. *200*

L'un, coiffé d'une toque noire, est assis devant la table de travail, couverte de livres. Il tient des deux mains un bocal. L'autre, debout, tête nue, se penche vers lui. En avant, par terre, une sphère et de gros livres.

Imitation du tableau de Rembrandt, intitulé : *Philosophe en méditation*, et gravé par Claassens.

Provenant d'une collection de Groningen.

C. — H. 0,38. — L. 0,30.

METSU (GABRIEL).

Né en 1615, mort après 1667.

51. — La Pianiste. *1480*

Jeune femme, vue de profil à gauche et jusqu'aux genoux. Assise devant son piano, en costume gris, avec col, manchettes et tablier blanc, elle s'enlève sur un fond de lambris gris clair. En haut du lambris à droite, un tableau, paysage, dans un cadre noir. Au milieu, une porte brunâtre.

Signé, en bas, à gauche, sur le piano.

Provenant d'une collection anglaise.

B. — H. 0,27. — L. 0,22.

MONI (LOUIS DE).

Né en 1698, mort en 1771, élève de Philip van Dyck.

52. — La Fontaine. *118*

Jeune servante qui remplit d'eau un baquet pour laver des poissons déposés dans un plat de terre sur la vasque de la fontaine. Près du plat de poissons, une bouilloire en cuivre. Tous ces accessoires sont d'une couleur fine et harmonieuse.

T. — H. 0,40. — L. 0,28.

MOUCHERON (FRÉDÉRIC).

Né en 1632, mort en 1686, élève de Jan Asselyn.

53. — Chasse au cerf.

Dans un fin paysage très-accidenté, un chasseur à cheval et des chiens poursuivent un cerf. La figure et les animaux sont d'Adrien van de Velde.

Signé : MOUCHERON, sur le terrain, en avant.

Provenant d'une collection de Groningen.

B. — H. 33. — L. 46.

54. — La Halte.

Un homme, monté sur un cheval blanc et vu de dos, paraît demander son chemin à un berger assis et accompagné de son chien. Figures et animaux également par A. van de Velde.

Pendant du précédent. — Même signature, même dimension et même provenance.

MURANT (EMMANUEL).

Né en 1622, mort en 1700, sectateur de Paulus Potter et de Philips Wouwerman.

55. — Vue de ruines.

Par l'ouverture d'une haute porte cintrée, on aperçoit des pans de murs et des bâtisses attenant aux ruines. Un berger accompagné de son chien est assis en avant. Exécution attentive et perlée, qui rappelle la pratique de Paulus Potter que Murant chercha souvent à imiter.

Provenant d'une collection de Groningen.

B. — H. 0,33. — L. 0,28.

MUSSCHER (MICHEL VAN).

Né en 1645, mort en 1705, élève d'Abraham van den Tempel, de Metsu
et d'A. van Ostade.

56. — Portrait d'homme.

Debout, vu jusqu'aux genoux. Il porte une ample robe de chambre, couleur
safran. A droite, une table à tapis oriental, couverte de livres et de papiers.
La tête se dessine sur un rideau amaiante. A gauche, par une arcade, on
aperçoit un parc et une maison de campagne.
Signé du monogramme.
Provenant d'une collection d'Amsterdam.
T. — H. 0,61. — L. 0,52.

NAIVEU (MATHYS).

Né en 1647, mort en 1721, sectateur de G. Dov.

57. — Le Fumeur.

Assis devant une table, il tient de la main droite un pot et de la main
gauche sa pipe. Toque bordée de fourrure, veste brunâtre, gilet rouge.
Provenant d'une collection de Groningen.
B. — H. 0,37. — L. 0,30.

NATTIER (JEAN-MARC).

Né en 1685, mort en 1766, élève de son père Marc.

58. — Portrait d'une des filles de Louis XV, en vestale.

Elle est assise, presque de face et vue jusqu'aux genoux. Peignoir blanc et
draperies bleutées. La main droite soutient les plis de la tunique, la main
gauche repose sur le genou. La tête charmante s'enlève sur un rideau vert clair.
A droite, fond d'appartement, avec un petit autel sur lequel brûle le feu
sacré. La figure est de grandeur naturelle.
T. — H. 0,83. — L. 0,99.

NEER (AART VAN DER).

Né en 1619, mort en 1683, influencé par Albert Cuyp.

59. — Vue prise aux environs de Harlem.

A gauche, une église et de grands bâtiments au bord d'un canal qui longe, de l'autre côté, un parc ceint de murailles terminées par une tourelle. Au milieu, un bateau avec deux mariniers, et, au fond, une passerelle sur l'eau. Effet de nuit. La lune se lève à droite entre les arbres du parc.

B. — H. 0,25. — L. 0,35.

60. — Vue d'un village au bord de la Meuse.

Une rangée de maisons le long d'un canal, sur lequel un bateau avec un pêcheur. Au milieu, des digues et quelques bouquets d'arbres. A droite, au fond, la Meuse avec de petits navires. Effet de nuit. La lune se lève à gauche, au-dessus des maisons, entre de grands arbres. Très-fin et très-transparent.

Ces deux pendants, d'une qualité rare, proviennent d'une collection de Groningen.

NEER (EGLON VAN DER).

Né en 1643, mort en 1703, élève de son père Aart et de Jacob van Loo.

61. — Pastorale.

Berger et bergère assis au premier plan d'un paysage, en avant des ruines d'un château. Les fonds, d'une délicatesse extrême, se perdent dans un ciel lumineux.

C. — H. 0,13. — L. 0,125.

NELLIUS.

École hollandaise, XVIIe siècle. Nous ne savons rien de la biographie de ce maître distingué, qui n'est pas cité, à notre connaissance, dans les anciens auteurs hollandais.

62. — La Poire.

Sur l'angle d'une console en marbre, une grosse poire, sur laquelle est posée une mouche, une autre poire avec quelques feuilles à la queue, une noix

NELLIUS.

(Suite.)

ouverte, un quartier de grenade, deux nèfles et une noisette; en arrière, un verre à pied, mi-plein de vin rouge. Coloris d'une justesse et d'une puissance extraordinaires.

Signé, à gauche, en bas : *Nellius.*

B. — H. 0,41. — L. 0,34.

63. — Le Vidrecome. *220*

Grand vidrecome allemand, duquel sort une écorce de citron; un coing, une orange, un chardonneret mort, deux noix, une huître ouverte et un cornet de papier.

Même signature.

B. — H. 0,41. — L. 0,37.

64. — La Grappe de raisin. *180*

Une grappe de raisin suspendue par un nœud de ruban bleu, une pêche, un citron pelé, un verdier mort, un papillon, des cerises, des fraises, des nèfles, etc.

Pendant du précédent.

Même signature et même dimension.

Ces trois Nellius proviennent d'une collection de Groningen.

NETSCHER (CONSTANTIN).

Né en 1670, mort en 1722, imitateur de son père Gaspar.

65. — Portrait de jeune femme. *631*

Assise en un parc et se dessinant sur un fond d'arbres, elle est vue presque de face, la main gauche caressant une fine levrette couleur café au lait, couchée sur un tapis turc. La robe de soie rose, à reflets d'argent, est très-décolletée et bordée de dentelles au corsage. Les bras nus sortent de manches largement ouvertes. Les cheveux poudrés sont frisés en boucles courtes.

Signé *Const. Netscher.* 1719.

Ovale.

T. — H. 0,54. — L. 0,45.

NETSCHER (CONSTANTIN).

(Suite.)

66. — Portrait de femme, probablement la sœur de la précédente. *630*

Elle est pareillement assise, de face, sur un tertre dans un parc, le bras droit appuyé sur une rocaille, près d'un piédestal surmonté d'une urne. La main droite parmi des fleurs posées sur son giron. Peignoir blanc, décolleté, avec une ceinture de perles. Une grande draperie de velours amarante, doublée de soie couleur orange, couvre le bras droit, et, au-dessous de la taille, fait de beaux plis sur les genoux. Même coiffure que la précédente. Même signature, même date et mêmes dimensions.

67. — Portrait de jeune homme, probablement le frère des deux dames. *690*

Debout, de face, vu jusqu'aux genoux. Main gauche sur la hanche, main droite glissée dans le pourpoint de velours bleu foncé, richement brodé d'or. Une écharpe couleur safran tombe de l'épaule gauche et circule en avant au bas de la taille. Longue perruque poudrée. L'épée au côté. Pour fond, une draperie brochée d'or, une colonne cannelée et à gauche une percée sur un parc.

Même signature, même date et mêmes dimensions.

Ces trois tableaux, provenant d'une collection d'Amsterdam, sont faits pour aller ensemble.

68. — Portrait de jeune fille. *106*

En buste, de trois quarts à droite. Nœuds de rubans dans les longues boucles de la chevelure. Fine guimpe en guipures. Corsage et manches lilas, à raies roses.

Signé : *C. Netscher*, 1689.

B. — H. 0,23. — L. 0,17.

69. — Portrait de jeune garçon. *85*

Tourné à gauche. Col plat, rabattu sur un pourpoint gris.

Pendant du précédent et provenant tous deux d'une collection d'Amsterdam.

NETSCHER (GASPAR).

70. — La Guitariste.

Jeune femme, vue à mi-jambe, assise près d'une table à tapis oriental, sur laquelle un cahier de musique et une cassette à bijoux. Elle pince de la guitare. Corsage à ramages de fleurs, jupon de satin blanc. Collier de perles. Coiffure dite à la Grignan.

Signé à gauche : *G. Netscher.*

T. — H. 0,42. — L. 0,35.

OCHTERVELT (JACOB VAN).

Rien sur sa biographie. Il paraît avoir surtout suivi Metsu.

71. — Le Goûter.

Intérieur de famille hollandaise. Le père, en robe de chambre couleur feuille morte, est assis, le bras gauche accoudé sur le dossier de son fauteuil. Près de lui, sa femme, assise, donne la main à une petite fille debout, vue de dos et habillée de soie jaune clair. A gauche arrive une jeune fille, en robe de satin blanc, portant un plateau d'argent, chargé de fruits, pêches et raisins. Un petit épagneul joue avec l'enfant qui lui présente un gâteau. La femme, en surtout de velours noir qui laisse voir un jupon de satin blanc, rappelle à la fois les plus fins Terburg et les plus élégants Gonzales Coques. Au fond, à droite, un tableau avec trois figures mythologiques, supporté par un entablement sur deux colonnes ; au milieu, dans l'ombre, le lit fermé de ses courtines vertes, et, au fond, une tapisserie à personnages. A gauche, porte ouverte, donnant sur une cour et laissant voir des bâtiments de service. La table est couverte d'un tapis turc, sur lequel brillent un vase en argent et un verre. Au coin en bas, à gauche, sur les dalles, un tabouret et un tambour de basque à l'enfant. Chef-d'œuvre du maître, comme qualité et comme importance.

Signé au-dessus de la porte : *Ja. v. Ochtervelt.* F. A° 1670.

Provenant d'une collection de la Haye.

T. — H. 0,97. — L. 0,91.

OSTADE (ADRIEN VAN).

Né en 1610, mort en 1685, élève de Frans Hals.

72. — Le Boulanger.

Accoudé sur la demi-porte de sa boutique, il sonne du cornet, pour annoncer dehors que son pain est cuit. Sur une planche de la devanture est posé un grand panier plein de pains. Des vignes serpentent le long des fenêtres de la maison. Couleur très-vigoureuse.

Les Hollandais, Jan Steen entre autres, ont souvent représenté ce sujet des habitudes de leur pays.

Signé : *A. v. Ostade*, 1670. — Gravé dans l'œuvre d'Ostade.

Provenant d'une collection de Groningen.

B. — H. 0,28. — L. 0,25.

OSTADE (ISACK VAN).

Né en 1617, mort en 1671, élève de son frère Adrien.

73. — Intérieur d'écurie.

Trois chevaux au râtelier, un blanc, un alezan, un marron. A droite, le palefrenier, vu de dos, remplit un seau à la pompe. Au milieu, en avant, un jeune garçon et un gros chien noir. Dans les fonds, une charrette, des paniers et autres ustensiles.

Signé, à droite en bas : *I. Ostade.*

Provenant d'une collection de Rotterdam.

T. — H. 0,74. — L. 0,85.

OUDRY (JEAN-BAPTISTE).

Né en 1686, mort en 1755, élève de son père et de Largillière.

74. — Le Pont.

En avant d'un cours d'eau, une jeune fille montée sur un âne, un pêcheur portant ses filets, un chien, deux vaches, quatre moutons. Au second plan, un pont à trois arches. A droite, un moulin à eau. A gauche, groupe de grands arbres. Au fond, une colline boisée. Un des chefs-d'œuvre du maître.

Signé, à gauche : *J. B. Oudry*, 1738.

T. — H. 1,62. — L. 1,30.

OUDRY (JEAN-BAPTISTE).

(Suite).

75. — Le Pigeonnier. *310*

Grande tour ronde, sur le bord d'un ruisseau. En avant, une bergere appuyée sur sa vache, deux chèvres, cinq moutons. Fond boisé.

Signé pareillement en toutes lettres et daté 1737.

Pendant du précédent. Tous deux doivent provenir de quelque grand château du XVIII° siècle.

PIPPI (GIULIO), dit JULES ROMAIN.

Né en 1499, mort en 1546, élève de Raphaël.

76. — Madone, tenant-le petit Jésus. *400*

Tournée à gauche, presque de profil, elle a un corsage rose, une draperie bleue sur les genoux et sur la tête un voile. L'enfant regarde de face et il tient dans la main droite une fleur. Beau style, grand caractère, ferme exécution.

B. — H. 0,30. — L. 0,25.

POEL (EGBERT VAN DER).

Né à Rotterdam, mort vers 1690.

77. — Intérieur villageois. *840*

Un paysan assis tient un chien sur ses genoux. Arrive une vieille femme, appuyée sur un bâton. Au milieu, groupe d'ustensiles de ménage, paniers, baquet, chaudron, légumes, et un canard mort, étendu par terre. Au fond, un bahut, des pots, etc. Très-fin de ton et très-transparent dans les demi-teintes. Ces accessoires rappellent ceux de l'excellent tableau du Louvre, *la Maison rustique*, n° 381.

Signé du monogramme.

B. — H. 0,28. — L. 0,34.

POTTER (PAULUS).

Né en 1625, mort en 1654, élève de son père Pieter.

78. — Le Cheval pie. *1250*

Il est tourné à droite, de profil, en avant d'un massif d'arbres. Sur le premier plan, un ânon couché. A droite, au second plan, arrive un cheval alezan doré ; plus loin, un chasseur assis et son chien. Ciel voilé par des nuages gris. C'est le même cheval que celui du nouveau tableau du Louvre, qui n'est pas encore catalogué.

Signé : *Paulus Potter f.*

Provenant d'une collection de Berne.

B. — H. 0,39. — L. 0,31.

POTTER (PIETER).

Né à Enkhuisen ? vers 1600 ? mort après 1662 ?

79. — Combat de cavalerie. *212*

Au milieu en avant, deux officiers, l'un sur cheval gris souris, l'autre sur cheval blanc, galopent l'un vers l'autre, pistolet à la main. A gauche, des soldats à pied ajustent leurs fusils. A droite, au second plan, engagement de quelques cavaliers, et deux trompettes sonnant la charge. En arrière, sur la crête d'un coteau, une voiture attaquée par des cavaliers.

Signé et daté 1641.

B. — H. 0,52. — L. 0,75.

POUSSIN (NICOLAS).

Né en 1594, mort en 1665, élève de Quentin Varin.

80. — Le Fleuve. *1220*

Cette figure allégorique, couchée et vue de dos, est couronnée de feuillages. En avant, deux petits génies, également couronnés de verdure, tiennent des urnes, d'où l'eau coule sur le premier plan. Près du Fleuve, autre figure d'homme nu, couché et endormi. Fond de rochers et de troncs d'arbres. Exécution savante et magistrale. Superbe qualité du grand maître.

Vente de lord Northwick, 1859, n° 1108.

T. — H. 0,96. — L. 0,72.

PRUD'HON (PIERRE).

Né en 1758, mort en 1823, élève de Devosge.

81. — Mater dolorosa. *820*

Vierge, en buste, les deux mains croisées sur le sein, la tête douloureuse-
ment penchée. Cheveux blonds, à reflets d'or. Corsage rouge, manteau bleu
sur la bordure duquel est la signature : P. P. PRUDHON, 1820. Physionomie
pleine de sentiment. Finesse exquise dans les demi-teintes du visage. Le ton
et l'expression font penser au Corrége ou au Schidone.

Esquisse du tableau terminé, appartenant à la collection Montebello.
Provenant de la collection Pouschine.

T. — H. 0,59. — L. 0,50.

82. — Daphnis et Chloé. *900*

C'est la scène du bain. Chloé, debout, les mains appuyées sur les épaules
du jeune berger assis, met le bout de son pied dans l'eau, avec une hésitation
naïve. Sur le gazon, les draperies qu'ils ont quittées. Site solitaire et mysté-
rieux, protégé par des rochers et de grands arbres. A droite, au second plan,
on aperçoit une cascade.

Donné par Prud'hon à M. Delamarche, de Dijon.

T. — H. 0,43. — L. 0,33.

REMBRANDT VAN RIJN.

Né en 1608, mort en 1669, élève de Lastman.

83. — Portrait de femme. *1170*

A mi-corps, de trois quarts à gauche. Cheveux amplement crêpés, tombant
de chaque côté du visage. Peigne garni de perles; collier de perles, au-dessus
d'une guimpe qui se bifurque en pointes sur le sein. Costume noir, avec
nœuds rouges au corsage et à la taille; la robe en soie ouvragée. Sur le fond
clair, en haut, à gauche, on lit : ANNO 1637. J. EN. JAN. RYN.

Provenant d'une collection de Rotterdam.

B — H. 0,70. — L. 0,59.

REMBRANDT VAN RIJN.

(Suite.)

84. — Portrait de la mère de Rembrandt. *280*

En buste, de face. Draperie noire, en manière de voile sur la tête et retombant de chaque côté sur la robe noire.
Signé de l'initiale R et daté 1627.
Provenant d'une collection de Rotterdam.
B. — H. 0,16. — L. 0,13.

85. — Intérieur de boucherie. *390*

Un bœuf écorché et ouvert pend à des crochets. En arrière, un baquet, un seau, un vase et des ustensiles de boucher. A droite, au premier plan, dans la demi-teinte, par terre, la peau du bœuf écorché. Au fond, un escalier dans une ombre transparente.
Signé R et daté 1639.
Provenant d'une collection de Rotterdam.
B. — H. 0,53. — L. 0,44.

RUBENS (P. P.).

Né en 1577, mort en 1640, élève de van Noort et de van Veen.

86. — Portrait du frère de Rubens. *1150*

Il est presque de face. Moustaches et pointe de barbe. Manteau noir, col uni, rabattu. Buste, sans mains. Fond gris clair.
B. — H. 0,60. — L. 0,50.

RUISDAEL (JACOB).

Né vers 1625, mort en 1681, élève de son frère Salomon.

87. — Cascade. *1500*

L'eau tombe en écume au premier plan. A droite et à gauche, des rochers et des troncs d'arbres. Au second plan, une passerelle en bois sur laquelle entre un homme suivi de deux chiens. Plus loin, quelques groupes d'arbres, et, au delà, des maisons rustiques ombragées d'arbres. Le ciel est de ces gris argentins particuliers à Ruisdael. Cette peinture, délicatement terminée par tout, est d'une qualité exquise.
Signé en toutes lettres.
T. — H. 0,70. — L. 0,58.

SLINGELANDT (PIETER VAN).

Né en 1640, mort en 1691, élève de G. Dov.

88. — Portrait d'homme. *1311*

Debout, vu jusqu'aux genoux, la main gauche appuyée sur la hanche, la main droite touchant un livre posé sur une table à tapis turc. Grande perruque blonde. Robe de chambre bleu vif. Le personnage se dessine sur un fond de rideau vert sombre. A gauche, par une ouverture, on aperçoit des balustrades, une statue et quelques arbres d'un parc.

Signé.

Provenant de la galerie du duc de Morny.

B. — H. 0,48. — L. 0,39.

STAVEREN (J. VAN).

Sectateur de G. Dov.

89. — L'Adoration des Bergers. *2330*.

Dans un bâtiment en ruines, la Vierge agenouillée, manteau bleu, tient entre ses bras avancés le petit Jésus enveloppé de langes et de draperies. Près d'elle, un grand vase en cuivre, et, en avant, un épagneul couché. En arrière, saint Joseph accompagné d'un ange, ailes étendues, près de l'âne et du bœuf, dont on ne voit que les têtes. Plusieurs bergers sont agenouillés devant le petit Jésus, et derrière eux arrivent d'autres paysans, hommes et femmes, entre autres une jeune femme portant sur la tête une corbeille de légumes : on dit que c'est le portrait de la femme de van Staveren. En l'air voltigent des groupes d'anges, tenant des palmes et des couronnes, ou sonnant de la trompette.

C'est le tableau capital du maître. Il rappelle à la fois G. Dov, J. de Wet, et même Poelenburg dans les petits anges.

Cintré en haut.

Provenant d'une galerie de Leyde.

B. — H. 0,83. — L. 0,51.

STEEN (JAN).

Né vers 1626, mort en 1679, élève de van Goyen.

90. — Intérieur d'estaminet.

Une femme assise boit et cause avec un homme penché vers elle. A droite, près de la cheminée, un homme debout et un autre homme assis. Au fond, un homme, vu de dos, écrit avec de la craie sur une planche. En avant, un panier, des pots, etc.

Signé du monogramme JS entortillés.

B. — H. 0,28. — L. 0,24.

TENIERS (DAVID), LE FILS.

Né en 1610, mort en 1694, élève de son père et de Brouwer.

91. — La Promenade.

En avant d'un château, construit sur une éminence et entouré d'eau, Teniers, en pourpoint gris, donne la main à sa femme en robe bleu tendre ; un page en manteau court, hauts-de-chausses rouges, les suit. Le jardinier leur parle, chapeau bas. Coucher de soleil, par un temps pluvieux. Il pleut à gauche dans les fonds.

Le château, qui n'est pas celui de Teniers, — les Trois-Tours, — est le même que celui qu'on voit dans le grand tableau du Louvre, n° 516. Teniers et sa femme, posés et costumés pareillement, se trouvent, sous le nom de « un seigneur et une dame, » dans le tableau n° 515 du Louvre.

Signé en toutes lettres.

Provenant de la collection de M. J.-B. Dubois, de Gand, et noté par Descamps, t. II, p. 168, comme étant, lors de la publication de son ouvrage, dans cette collection.

Ce tableau capital, d'une couleur argentine, est une des œuvres les plus distinguées de Teniers.

T. — H. 1,61. — L. 2,25.

92. — Les Bohémiennes.

Une troupe de bohémiennes est arrêtée au bord d'un torrent qui descend d'entre des rochers, et où elles lavent du linge. Une de ces femmes s'est

TENIERS (DAVID, LE FILS).

(Suite.)

avancée à gauche sur le chemin, et elle dit la bonne aventure à un gentil-homme élégamment costumé. Un petit page est debout, entre ces deux groupes. Les rochers, vivement éclairés, tiennent la moitié droite de la toile, et à leur cime on aperçoit des bâtiments et une tour. A gauche, ouverture sur un pays sauvage, avec des fonds de montagnes bleutées. Peinture très-lumineuse.

Signé du monogramme, un petit T dans un grand D.

Provenant aussi de l'ancienne collection Dubois, de Gand.

T. — H. 1,12. — L. 1,61.

93. — Intérieur flamand.

En avant sont groupés des ustensiles de ménage, baquet, chaudron, pots, linges blancs. Sur une table, un plat en terre et deux fioles. A droite, au second plan, un homme et une femme sont assis près d'une table

Signé du monogramme.

T. — H. 0,31. — L. 0,25.

TERBURG (GERARD).

Né en 1608, mort en 1681, élève de son père.

94. — La Toilette de l'enfant.

La mère, assise de profil à droite, toque noire sur le sommet de la tête, caraco marron bordé d'hermine, jupon rougeâtre, peigne sa petite fille, accotée contre ses genoux. La petite, en corsage blanc, manches olive, tablier bleu, tient entre ses deux mains une pomme. Son œil fin se retourne impatiemment. Fond de lambris gris, uni, avec quelques accessoires, une bouteille, un vase en grès.

La même composition, avec quelques changements, se trouve dans la riche galerie du baron Steingracht, à La Haye. Terburg a ceci d'assez particulier dans l'école hollandaise, qu'il a souvent fait des répétitions de ses tableaux. Ainsi, il a répété trois fois la fameuse *Robe de satin*, gravée par Wille sous le titre : *l'Instruction maternelle*, et par Vaillant. Un de ces tableaux est au musée d'Amsterdam, n° 308; un autre, au musée de Berlin, n° 791; le troisième, à la galerie Bridgewater, à Londres. Ainsi, il a répété deux fois *le Concert*, l'un au Louvre, n° 528; l'autre à la galerie d'Arenberg, n° 60.

Les deux répétitions de la *Toilette de l'enfant* sont à peu près d'égale qualité.

Provenant d'une collection d'Utrecht.

B. — H. 0,40. — L. 0,32.

TERBURG (GERARD).

(Suite.)

95. — Portrait d'homme.

En buste, de trois quarts à droite. Chapeau noir à grands bords, large rabat uni et costume tout noir. Expression sérieuse. Fond neutre.

A droite, sur le fond, le monogramme, un т dans un G.

Ovale.

Provenant d'une collection de Rotterdam.

B. — H. 0,41. — L. 0,30.

96. — Portrait de femme.

En buste, cheveux blonds, boucles tombant de chaque côté de la tête. Guimpe garnie de guipures, collier de perles, corsage noir.

C. — H. 0,15. — L. 0,11.

97. — Portrait d'homme.

Cheveux blonds, moustaches et mouche. Col rabattu, costume noir.

Pendant du précédent.

VELDE (ADRIEN VAN DE).

Né en 1639, mort en 1672, élève de Wynants.

98. — Le Muletier.

Devant la porte d'une hôtellerie est arrêté un muletier, à qui un jeune garçon vient de donner un verre. Derrière lui, son mulet gris, caparaçonné. Derrière le mulet, une vache alezan, vue de face, une chèvre et quelques moutons. Le reste du troupeau, conduit par le berger et deux paysans, arrive, au second plan, par une vieille porte cintrée en ruines. Quatre ou cinq personnages près de l'hôtellerie, dont le bâtiment occupe la droite. A gauche, au fond, des ruines sur une éminence. Au milieu, quelques arbres se découpent finement sur un ciel bleuté. Tableau capital.

Signé en toutes lettres et daté 1659 au-dessus de la porte.

Collection de M. R. d'Utrecht.

T. — H. 0,51. — L. 0,65.

VELDE (ADRIEN VAN DE).

(Suite.)

99. — Repos de voyageurs.

Pays plat. Soleil couchant. En avant, sur un chemin, deux hommes, l'un couché, l'autre assis sur le talus. Trois chiens près d'eux. A gauche, au second plan, des arbres, de petites figurines et une maisonnette.
Même collection.
B. — H. 0,30. — L. 0,40.

100. — L'Abreuvoir.

Une vache fauve et une chèvre blanche sont entrées dans l'eau. La bergère est assise au bord. Près d'elle, une vache couchée et deux moutons. Au second plan, une colline boisée. Ciel fin. Peinture très-distinguée.
B. — H. 0,20. — L. 0,35.

VELDE (WILLEM VAN DE), LE JEUNE.

Né en 1633, mort en 1707, élève de son père et de van Vlieger.

101. — Marine.

Au premier plan, une barque montée par trois hommes. Plus loin, au milieu, un vaisseau à trois mâts.
Le monogramme se trouve sur un morceau de bois en avant.
Provenant d'une collection de Rotterdam.
B. — H. 0,18. — L. 0,25.

VERKOLIE (JAN).

Né en 1650, mort en 1693, élève de Lievens (?).

102. — Le Goûter.

Sur le péristyle d'une riche habitation, une femme, en robe de satin blanc, écharpe de soie noire, prend des pêches sur un plateau d'argent que lui présente un négrillon. Un jeune homme, debout, enveloppé dans une ample robe de chambre, soutient le plateau. Fond de rideaux rouges, et, à droite, ouverture sur le parc. En avant, un épagneul blanc et marron. Charmante composition qui rappelle les tableaux de Metsu et de Terburg.
Provenant d'une collection de Rotterdam.
T. — H. 0,86. — L. 0,78.

VERNET (JOSEPH).

Né en 1714, mort en 1789, élève de B. Fergioni.

103. — La Cascade de Tivoli.

En avant, au bord de l'eau, cinq figures de pêcheurs, hommes et femmes, dont l'une lève son filet. Ce site pittoresque a souvent été gravé.

Signé.

T. — H. 1,00. — L. 1,37.

104. — Mer agitée.

A droite, des rochers contre lesquels battent les vagues. Un navire s'y brise. Des pêcheurs retirent les naufragés. A gauche, une barque, et plus loin un trois-mâts ballotté par la tempête. Beau ciel tourmenté.

Signé.

Pendant du précédent. Ce sont deux œuvres capitales du maître.

VLIET (HENDRIK VAN DER).

Né en 1608, mort en 1659 (?), élève de son père Willem et de Mierevelt.

105. — Intérieur d'église.

Suite de trois colonnes supportant des arcades, entre lesquelles on aperçoit les divers plans de l'édifice. En avant, deux personnages principaux. A droite, une femme et un homme conversent ensemble. Belle exécution, qui rappelle les intérieurs peints par Albert Cuyp.

Signé : *V. Vliet,* sur la base d'une colonne.

Provenant d'une collection de Rotterdam.

B. — H. 0,55. — L. 0,45.

106. — Portrait de jeune homme.

En buste, la main droite relevée contre le devant du pourpoint noir. Cheveux courts, châtains. Col plat rabattu, bordé de guipures. Fond gris verdâtre. Figure de grandeur naturelle.

Signé : *H. van der Vliet, f.* 1645.

Provenant de la même collection.

B. — H. 0,67. — L. 0,59.

VOIS (ARY DE).

Né en 1641, mort en 1698, élève d'Abraham van den Tempel.

107. — Le Joueur de violon.

De face, vu jusqu'aux genoux. Il est coiffé d'une toque à plumes vertes et blanches. Il chante, en s'accompagnant de son instrument. Très-fin de physionomie et d'exécution.

B. — H. 0,19. — L. 0,15.

108. — Le Joueur de vielle.

Vu presque de dos, la tête retournée de trois quarts. Toque à plumes, larges manches à crevés.

Provenant d'une collection de Rotterdam.

B. — H. 0,17. — L. 0,14.

WERFF (ADRIEN VAN DER).

Né en 1659, mort en 1722, élève d'E. van der Neer.

109. — Portrait de femme.

Assise et vue jusqu'aux genoux, elle tient une flèche dans sa main. Corsage et robe feuille morte, larges manches blanches, écharpe bleue autour du torse. Fond de parc sombre.

Signé : *A. v. Werff.*

Cintré en haut.

B. — H. 0,21. — L. 0,14.

110. — Portrait d'homme.

Vu de face, drapé de velours grenat. Il porte une ample perruque. Il vient de se laver les doigts dans la vasque d'une fontaine surmontée d'un triton.

Pendant du précédent et même signature.

Tous deux provenant d'une collection d'Amsterdam.

WILLEMS (H.).

On ne sait rien de sa vie. Il paraît être sectateur de T. de Keyser.

111. — Portrait de femme.

Figure entière, debout. La main gauche tient les gants, la droite est posée sur le dossier d'un fauteuil garni de velours bleu. Costume noir, guimpe à pointes, cornette sur la tête. Fond d'appartement, tout uni, sans accessoires.

Signé *H. Willems*, f° A° 1643. *Ætatis* 33.
Provenant d'une collection de Groningen.
B. — H. 0,71. — L. 0,53.

WOUWERMAN (PHILIPS).

Né en 1620, mort en 1668, élève de Wynants.

112. — Le Débarquement de marchandises.

A droite, au bord d'une rivière, une charrette, attelée d'un cheval bai et d'un cheval blanc, est chargée par deux hommes; on aperçoit la mâture et les voiles du navire d'où sont tirés les ballots. Un autre homme range par terre de gros paquets. Au milieu, un homme à cheval et vu de dos entre dans l'eau, tenant par la bride un cheval isabelle, qui boit. Plus à gauche, un bateau avec des laveuses, et deux hommes qui se baignent. Au second plan, des mariniers chargeant un bateau, une tour en ruines, quantité de figurines. Sur un pont passent un cheval chargé et plusieurs personnages. Au bout du pont, une ruine, avec une haute porte cintrée. Nuages orageux sur un ciel bleu. Peinture exquise et de première qualité dans l'œuvre de Philips.

Provenant des collections Crozat et Stanislas-Auguste roi de Pologne.
Gravé dans la galerie Crozat.
B. — H. 0,40. — L. 0,50.

ZAFTLEVEN (HERMAN).

Né en 1609, mort en 1685, élève de van Goyen.

113. — Paysage.

A droite, groupe de grands arbres au tronc noueux et aux feuillages délicatement étudiés. A gauche, sur un plan reculé, d'autres groupes d'arbres. Au

ZAFTLEVEN (HERMAN).

(Suite.)

milieu, le regard se projette à l'infini sur un horizon de collines sablonneuses et de dunes, au delà d'un cours d'eau, le Rhin sans doute. Quelques animaux dans les ombres du premier plan, des chevreuils, un lapin, etc. Beaucoup de petits oiseaux dans les arbres. Très-fin. Exemplaire très-important du maître, et digne d'un musée.

Signé.

T. — H. 1,06. — L. 1,20.

PARIS. — IMPRIMERIE DE J. CLAYE, RUE SAINT-BENOIT, 7.

Beaux-Arts.

DROUOT.—Aujourd'hui a commencé la
s tableaux anciens composant la col-
te M. Meffre. M. Meffre quitte le com-
qu'il exerçait honorablement depuis
ns. Parcourant sans relâche la Hollan-
elgique, l'Allemagne, il savait tout ce
ermaient les collections publiques ou
de ces pays. Il avait séjourné long-
n Russie. Il assistait en Angleterre, il
ans, à cette dispersion de la collection
ck, qui fit la fortune de plus d'un mar-
u continent. En France, il forma plu-
leries célèbres, entre autres celle du
iorny. C'est un connaisseur d'un tact
, auquel on ne peut reprocher qu'un
xagéré du nettoyage et du vernis ; les
x qu'il soigne sortent de chez lui bril-
mme des plaques de porcelaine.
ysage italien, de Jean Both, animé de
ages d'Adrien Both, le frère, a été le
la vacation d'aujourd'hui ; il a monté
3,000 francs. Par contre, une bonne
de Rudolf Backuisen, connue sous le
la Voile blanche, s'est arrêtée à 6,800
elle était peut-être d'un aspect un peu
— Un Portrait de vieillard, par Der-
arrive jusqu'au prestige du trompe-
les minuties de l'exécution, 2,900 fr.
epos du Pâtre, par Nicolas Berghem,
— La Touette de l'Enfant, par Gérard
, 4,500 fr. — Une Vue prise aux envi-
Harlem, piquant effet de nuit par Van
, 2,650 fr.
intres flamands et hollandais domi-
Quelques Français cependant s'étaient
ans cette collection et y tenaient hono-
nt leur place. L'Obole de Bélisaire, de
rand peintre David, n'a atteint que
anes. Il est bien regrettable, qu'à
lu Louvre, qui du reste ne possède
importante composition qu'une pe-
uction peinte dans l'atelier du maître,
it point quelque musée de province
fait cette acquisition. — J. M. Nattier,
d'une dame de la cour de Louis XV,
le, 1,100 fr.— Drouais, Petit garçon
ans ses bras un épagneul, 3,401 fr. —
lry, le Pont et le Pigeonnier, paysages,
e, 6,220 fr. — J. Vernet, la Cascade de
,900 fr. et une Mer agitée, 1,475 fr. —
Poussin, le Fleuve, belle étude, colorée
, des premiers temps du grand maître,
— Charles Lebrun, son Portrait par
e, le représentant à peu près au mê-
ent que celui qui est au Louvre, 460 fr.
er, ou peut-être Huet. des Baigneuses,
ttent près d'un moulin, sans se douter
discret les observe, 1,540 fr.
ontemporain ne comptait qu'un re-
nt, mais c'était M. N. Diaz. La Mare, un
de forêt vibrant et frais, supportait,
arme du ton et l'esprit du dessin, le
e de tous les paysages anciens : 1,550
ée aux perles, composition médiocre,
ect violacé, 3,500 fr.
onnerons demain les prix de la secon-
ion ; elle renferme les morceaux les
ortants de la vente.—PH. BURTY.

Beaux-Arts.

HOTEL DROUOT.—La vente Meffre s'est terminée aujourd'hui, produisant en deux vacations
au delà de 101,000 fr. nets. Deux tableaux im-
portants ont été cependant retirés faute d'enchères : le Muletier, d'Adrien Van de Velde, et
la Promenade, de David Teniers le fils, paysage de très grande dimension, peu intéressant
en lui-même mais animé par quelques personnages peints avec infiniment de goût et d'esprit. Ce dernier est surtout un tableau de collection publique.

Le Débarquement de marchandises, de Philips Wouwermans, a atteint 40,700 fr. C'était un
tableau d'une conservation remarquable, qui
avait appartenu au célèbre amateur français
Crozat, puis au roi de Pologne Stanislas-Auguste, et que M. Meffre avait acheté en Russie.
—La Cascade, de Jacob Ruysdaël, composition
pleine d'intimité, dont l'épiderme avait moins
souffert peut-être des injures du temps que de
nettoyages indiscrets, 21,500 fr.—De David Teniers le fils, les Bohémiennes, 5,600 fr.; leur
troupe fantasque s'est arrêtée sur le bord d'un
torrent qui coule au milieu des rochers, et elles
lavent leurs guenilles ; une d'entre elles dit la
bonne aventure à un gentilhomme accompagné
de son petit page. — Pieter de Hooch, Départ
pour le marché, 4,950 fr. — Albert Cuyp, Effet
de nuit, dans un paysage avec paysans et animaux, 2,690 fr.—Van der Helst, Portrait d'une
vieille dame, 1,790 fr. — Van Haveren, l'Adora-
tion des bergers, au milieu d'un bâtiment en
ruines, 2,330 fr. — Van Singelandt, élève de
Gérard Dov, un Portrait d'homme, 1,311 fr. Ce
portrait avait fait partie de la galerie du duc
de Morny. — Les autres prix sont de moindre
importance.